# This Planner Belongs To:

_____

# Weekly Planner

Goals:

- [ ] _____
- [ ] _____
- [ ] _____
- [ ] _____
- [ ] _____
- [ ] _____
- [ ] _____

Appointments:

- [ ] _____
- [ ] _____
- [ ] _____
- [ ] _____
- [ ] _____
- [ ] _____
- [ ] _____

Notes:

Week of: _____

| Monday |
| --- |
| |

| Tuesday |
| --- |
| |

| Wednesday |
| --- |
| |

| Thursday |
| --- |
| |

| Friday |
| --- |
| |

| Saturday |
| --- |
| |

| Sunday |
| --- |
| |

# Thoughts and Reminders...

# Weekly Planner

Goals:

- ☐ _____
- ☐ _____
- ☐ _____
- ☐ _____
- ☐ _____
- ☐ _____
- ☐ _____

Appointments:

- ☐ _____
- ☐ _____
- ☐ _____
- ☐ _____
- ☐ _____
- ☐ _____
- ☐ _____

Notes:

Week of: _____

| Monday |
| --- |
| |

| Tuesday |
| --- |
| |

| Wednesday |
| --- |
| |

| Thursday |
| --- |
| |

| Friday |
| --- |
| |

| Saturday |
| --- |
| |

| Sunday |
| --- |
| |

# Thoughts and Reminders...

# Weekly Planner

Goals:

- ☐ _____
- ☐ _____
- ☐ _____
- ☐ _____
- ☐ _____
- ☐ _____
- ☐ _____

Appointments:

- ☐ _____
- ☐ _____
- ☐ _____
- ☐ _____
- ☐ _____
- ☐ _____
- ☐ _____

Notes:

Week of: _____

| Monday |
| --- |
|  |
| Tuesday |
|  |
| Wednesday |
|  |
| Thursday |
|  |
| Friday |
|  |
| Saturday |
|  |
| Sunday |
|  |

# Thoughts and Reminders...

_____

_____

_____

_____

_____

_____

_____

_____

_____

_____

_____

_____

_____

_____

_____

_____

_____

# Weekly Planner

## Goals:

- ☐ _____
- ☐ _____
- ☐ _____
- ☐ _____
- ☐ _____
- ☐ _____
- ☐ _____

## Appointments:

- ☐ _____
- ☐ _____
- ☐ _____
- ☐ _____
- ☐ _____
- ☐ _____
- ☐ _____

## Notes:

Week of: _____

| Monday |
| --- |
| Tuesday |
| Wednesday |
| Thursday |
| Friday |
| Saturday |
| Sunday |

# Thoughts and Reminders...

# Weekly Planner

Goals:

- ☐ _____
- ☐ _____
- ☐ _____
- ☐ _____
- ☐ _____
- ☐ _____
- ☐ _____

Appointments:

- ☐ _____
- ☐ _____
- ☐ _____
- ☐ _____
- ☐ _____
- ☐ _____
- ☐ _____

Notes:

Week of: _____

| Monday |
| --- |
| |

| Tuesday |
| --- |
| |

| Wednesday |
| --- |
| |

| Thursday |
| --- |
| |

| Friday |
| --- |
| |

| Saturday |
| --- |
| |

| Sunday |
| --- |
| |

# Thoughts and Reminders...

_____

_____

_____

_____

_____

_____

_____

_____

_____

_____

_____

_____

_____

_____

_____

_____

_____

# Weekly Planner

Goals:

- ☐ _____
- ☐ _____
- ☐ _____
- ☐ _____
- ☐ _____
- ☐ _____
- ☐ _____

Appointments:

- ☐ _____
- ☐ _____
- ☐ _____
- ☐ _____
- ☐ _____
- ☐ _____
- ☐ _____

Notes:

Week of: _____

| Monday |
| --- |
| Tuesday |
| Wednesday |
| Thursday |
| Friday |
| Saturday |
| Sunday |

# Thoughts and Reminders...

# Weekly Planner

Week of: _____

## Goals:

- ☐ _____
- ☐ _____
- ☐ _____
- ☐ _____
- ☐ _____
- ☐ _____
- ☐ _____

## Appointments:

- ☐ _____
- ☐ _____
- ☐ _____
- ☐ _____
- ☐ _____
- ☐ _____
- ☐ _____

## Notes:

| Monday |
| --- |
| Tuesday |
| Wednesday |
| Thursday |
| Friday |
| Saturday |
| Sunday |

# Thoughts and Reminders...

# Weekly Planner

Goals:

- ☐ _____
- ☐ _____
- ☐ _____
- ☐ _____
- ☐ _____
- ☐ _____
- ☐ _____

Appointments:

- ☐ _____
- ☐ _____
- ☐ _____
- ☐ _____
- ☐ _____
- ☐ _____
- ☐ _____

Notes:

Week of: _____

| Monday |
| --- |
| |
| Tuesday |
| |
| Wednesday |
| |
| Thursday |
| |
| Friday |
| |
| Saturday |
| |
| Sunday |
| |

# Thoughts and Reminders...

# Weekly Planner

## Goals:

- ☐ _____
- ☐ _____
- ☐ _____
- ☐ _____
- ☐ _____
- ☐ _____
- ☐ _____

## Appointments:

- ☐ _____
- ☐ _____
- ☐ _____
- ☐ _____
- ☐ _____
- ☐ _____
- ☐ _____

## Notes:

Week of: _____

| Monday |
| --- |
|  |

| Tuesday |
| --- |
|  |

| Wednesday |
| --- |
|  |

| Thursday |
| --- |
|  |

| Friday |
| --- |
|  |

| Saturday |
| --- |
|  |

| Sunday |
| --- |
|  |

# Thoughts and Reminders...

# Weekly Planner

Goals:

- ☐ _____
- ☐ _____
- ☐ _____
- ☐ _____
- ☐ _____
- ☐ _____
- ☐ _____

Appointments:

- ☐ _____
- ☐ _____
- ☐ _____
- ☐ _____
- ☐ _____
- ☐ _____
- ☐ _____

Notes:

Week of: _____

| Monday |
| --- |
| |
| Tuesday |
| |
| Wednesday |
| |
| Thursday |
| |
| Friday |
| |
| Saturday |
| |
| Sunday |
| |

# Thoughts and Reminders...

_____

_____

_____

_____

_____

_____

_____

_____

_____

_____

_____

_____

_____

_____

_____

_____

_____

_____

# Weekly Planner

Goals:

Week of: _____

- ☐ _____
- ☐ _____
- ☐ _____
- ☐ _____
- ☐ _____
- ☐ _____
- ☐ _____

Appointments:

- ☐ _____
- ☐ _____
- ☐ _____
- ☐ _____
- ☐ _____
- ☐ _____
- ☐ _____

Notes:

| Monday |
| --- |
| Tuesday |
| Wednesday |
| Thursday |
| Friday |
| Saturday |
| Sunday |

# Thoughts and Reminders...

# Weekly Planner

Goals:

- ☐ _____
- ☐ _____
- ☐ _____
- ☐ _____
- ☐ _____
- ☐ _____
- ☐ _____

Appointments:

- ☐ _____
- ☐ _____
- ☐ _____
- ☐ _____
- ☐ _____
- ☐ _____
- ☐ _____

Notes:

Week of: _____

| Monday |
| --- |
|  |
| Tuesday |
|  |
| Wednesday |
|  |
| Thursday |
|  |
| Friday |
|  |
| Saturday |
|  |
| Sunday |
|  |

# Thoughts and Reminders...

# Weekly Planner

Goals:

- ☐ _____
- ☐ _____
- ☐ _____
- ☐ _____
- ☐ _____
- ☐ _____
- ☐ _____

Appointments:

- ☐ _____
- ☐ _____
- ☐ _____
- ☐ _____
- ☐ _____
- ☐ _____
- ☐ _____

Notes:

Week of: _____

| Monday |
| --- |
| |

| Tuesday |
| --- |
| |

| Wednesday |
| --- |
| |

| Thursday |
| --- |
| |

| Friday |
| --- |
| |

| Saturday |
| --- |
| |

| Sunday |
| --- |
| |

# Thoughts and Reminders...

# Weekly Planner

Goals:

- ☐ _____
- ☐ _____
- ☐ _____
- ☐ _____
- ☐ _____
- ☐ _____
- ☐ _____

Appointments:

- ☐ _____
- ☐ _____
- ☐ _____
- ☐ _____
- ☐ _____
- ☐ _____
- ☐ _____

Notes:

Week of: _____

| Monday |
| Tuesday |
| Wednesday |
| Thursday |
| Friday |
| Saturday |
| Sunday |

# Thoughts and Reminders...

# Weekly Planner

Goals:

- ☐ _____
- ☐ _____
- ☐ _____
- ☐ _____
- ☐ _____
- ☐ _____
- ☐ _____

Appointments:

- ☐ _____
- ☐ _____
- ☐ _____
- ☐ _____
- ☐ _____
- ☐ _____
- ☐ _____

Notes:

Week of: _____

| Monday |
| --- |
| |
| Tuesday |
| |
| Wednesday |
| |
| Thursday |
| |
| Friday |
| |
| Saturday |
| |
| Sunday |
| |

# Thoughts and Reminders...

# Weekly Planner

Goals:

- ☐ _____
- ☐ _____
- ☐ _____
- ☐ _____
- ☐ _____
- ☐ _____
- ☐ _____

Appointments:

- ☐ _____
- ☐ _____
- ☐ _____
- ☐ _____
- ☐ _____
- ☐ _____
- ☐ _____

Notes:

Week of: _____

| Monday |
| Tuesday |
| Wednesday |
| Thursday |
| Friday |
| Saturday |
| Sunday |

# Thoughts and Reminders...

# Weekly Planner

Goals:

- ☐ _____
- ☐ _____
- ☐ _____
- ☐ _____
- ☐ _____
- ☐ _____
- ☐ _____

Appointments:

- ☐ _____
- ☐ _____
- ☐ _____
- ☐ _____
- ☐ _____
- ☐ _____
- ☐ _____

Notes:

Week of: _____

| Monday |
| Tuesday |
| Wednesday |
| Thursday |
| Friday |
| Saturday |
| Sunday |

# Thoughts and Reminders...

# Weekly Planner

Goals:

☐ _____

☐ _____

☐ _____

☐ _____

☐ _____

☐ _____

☐ _____

Appointments:

☐ _____

☐ _____

☐ _____

☐ _____

☐ _____

☐ _____

☐ _____

Notes:

Week of: _____

| Monday |
|---|
| |
| Tuesday |
| |
| Wednesday |
| |
| Thursday |
| |
| Friday |
| |
| Saturday |
| |
| Sunday |
| |

# Thoughts and Reminders...

# Weekly Planner

Goals:

- ☐ _____
- ☐ _____
- ☐ _____
- ☐ _____
- ☐ _____
- ☐ _____
- ☐ _____

Appointments:

- ☐ _____
- ☐ _____
- ☐ _____
- ☐ _____
- ☐ _____
- ☐ _____
- ☐ _____

Notes:

Week of: _____

| Monday |
| --- |
| |
| Tuesday |
| |
| Wednesday |
| |
| Thursday |
| |
| Friday |
| |
| Saturday |
| |
| Sunday |
| |

# Thoughts and Reminders...

# Weekly Planner

Goals:

- ☐ _____
- ☐ _____
- ☐ _____
- ☐ _____
- ☐ _____
- ☐ _____
- ☐ _____

Appointments:

- ☐ _____
- ☐ _____
- ☐ _____
- ☐ _____
- ☐ _____
- ☐ _____
- ☐ _____

Notes:

Week of: _____

| Monday |
| Tuesday |
| Wednesday |
| Thursday |
| Friday |
| Saturday |
| Sunday |

# Thoughts and Reminders...

# Weekly Planner

Goals:

- ☐ _____
- ☐ _____
- ☐ _____
- ☐ _____
- ☐ _____
- ☐ _____
- ☐ _____

Appointments:

- ☐ _____
- ☐ _____
- ☐ _____
- ☐ _____
- ☐ _____
- ☐ _____
- ☐ _____

Notes:

Week of: _____

| Monday |
| --- |
| |
| **Tuesday** |
| |
| **Wednesday** |
| |
| **Thursday** |
| |
| **Friday** |
| |
| **Saturday** |
| |
| **Sunday** |
| |

# Thoughts and Reminders...

# Weekly Planner

Goals:

- ☐ _____
- ☐ _____
- ☐ _____
- ☐ _____
- ☐ _____
- ☐ _____
- ☐ _____

Appointments:

- ☐ _____
- ☐ _____
- ☐ _____
- ☐ _____
- ☐ _____
- ☐ _____
- ☐ _____

Notes:

Week of: _____

| Monday |
| --- |
| Tuesday |
| Wednesday |
| Thursday |
| Friday |
| Saturday |
| Sunday |

# Thoughts and Reminders...

# Weekly Planner

Goals:

- ☐ _____
- ☐ _____
- ☐ _____
- ☐ _____
- ☐ _____
- ☐ _____
- ☐ _____

Appointments:

- ☐ _____
- ☐ _____
- ☐ _____
- ☐ _____
- ☐ _____
- ☐ _____
- ☐ _____

Notes:

Week of: _____

| Monday |
| --- |
| |
| Tuesday |
| |
| Wednesday |
| |
| Thursday |
| |
| Friday |
| |
| Saturday |
| |
| Sunday |
| |

# Thoughts and Reminders...

# Weekly Planner

## Goals:

- ☐ _____
- ☐ _____
- ☐ _____
- ☐ _____
- ☐ _____
- ☐ _____
- ☐ _____

## Appointments:

- ☐ _____
- ☐ _____
- ☐ _____
- ☐ _____
- ☐ _____
- ☐ _____
- ☐ _____

## Notes:

Week of: _____

| Monday |
| --- |
| |

| Tuesday |
| --- |
| |

| Wednesday |
| --- |
| |

| Thursday |
| --- |
| |

| Friday |
| --- |
| |

| Saturday |
| --- |
| |

| Sunday |
| --- |
| |

# Thoughts and Reminders...

# Weekly Planner

Goals:

☐ _____

☐ _____

☐ _____

☐ _____

☐ _____

☐ _____

☐ _____

Appointments:

☐ _____

☐ _____

☐ _____

☐ _____

☐ _____

☐ _____

☐ _____

Notes:

Week of: _____

| Monday |
| --- |
| Tuesday |
| Wednesday |
| Thursday |
| Friday |
| Saturday |
| Sunday |

# Thoughts and Reminders...

# Weekly Planner

Goals:

- ☐ _____
- ☐ _____
- ☐ _____
- ☐ _____
- ☐ _____
- ☐ _____
- ☐ _____

Appointments:

- ☐ _____
- ☐ _____
- ☐ _____
- ☐ _____
- ☐ _____
- ☐ _____
- ☐ _____

Notes:

Week of: _____

| Monday |
| Tuesday |
| Wednesday |
| Thursday |
| Friday |
| Saturday |
| Sunday |

# Thoughts and Reminders...

# Weekly Planner

Goals:

- ☐ _____
- ☐ _____
- ☐ _____
- ☐ _____
- ☐ _____
- ☐ _____
- ☐ _____

Appointments:

- ☐ _____
- ☐ _____
- ☐ _____
- ☐ _____
- ☐ _____
- ☐ _____
- ☐ _____

Notes:

Week of: _____

Monday

Tuesday

Wednesday

Thursday

Friday

Saturday

Sunday

# Thoughts and Reminders...

# Weekly Planner

Goals:

- [ ] _____
- [ ] _____
- [ ] _____
- [ ] _____
- [ ] _____
- [ ] _____
- [ ] _____

Appointments:

- [ ] _____
- [ ] _____
- [ ] _____
- [ ] _____
- [ ] _____
- [ ] _____
- [ ] _____

Notes:

Week of: _____

| Monday |
| --- |
|  |

| Tuesday |
| --- |
|  |

| Wednesday |
| --- |
|  |

| Thursday |
| --- |
|  |

| Friday |
| --- |
|  |

| Saturday |
| --- |
|  |

| Sunday |
| --- |
|  |

# Thoughts and Reminders...

# Weekly Planner

Goals:

- ☐ _____
- ☐ _____
- ☐ _____
- ☐ _____
- ☐ _____
- ☐ _____
- ☐ _____

Appointments:

- ☐ _____
- ☐ _____
- ☐ _____
- ☐ _____
- ☐ _____
- ☐ _____
- ☐ _____

Notes:

Week of: _____

| Monday |
| --- |
| |
| Tuesday |
| |
| Wednesday |
| |
| Thursday |
| |
| Friday |
| |
| Saturday |
| |
| Sunday |
| |

# Thoughts and Reminders...

# Weekly Planner

Goals:

- ☐ _____
- ☐ _____
- ☐ _____
- ☐ _____
- ☐ _____
- ☐ _____
- ☐ _____

Appointments:

- ☐ _____
- ☐ _____
- ☐ _____
- ☐ _____
- ☐ _____
- ☐ _____
- ☐ _____

Notes:

Week of: _____

| Monday |
| --- |
| |

| Tuesday |
| --- |
| |

| Wednesday |
| --- |
| |

| Thursday |
| --- |
| |

| Friday |
| --- |
| |

| Saturday |
| --- |
| |

| Sunday |
| --- |
| |

# Thoughts and Reminders...

# Weekly Planner

Goals:

- ☐ _____
- ☐ _____
- ☐ _____
- ☐ _____
- ☐ _____
- ☐ _____
- ☐ _____

Appointments:

- ☐ _____
- ☐ _____
- ☐ _____
- ☐ _____
- ☐ _____
- ☐ _____
- ☐ _____

Notes:

Week of: _____

| Monday |
| Tuesday |
| Wednesday |
| Thursday |
| Friday |
| Saturday |
| Sunday |

# Thoughts and Reminders...

# Weekly Planner

Goals:

- ☐ _____
- ☐ _____
- ☐ _____
- ☐ _____
- ☐ _____
- ☐ _____
- ☐ _____

Appointments:

- ☐ _____
- ☐ _____
- ☐ _____
- ☐ _____
- ☐ _____
- ☐ _____
- ☐ _____

Notes:

Week of: _____

| Monday |
| --- |
| |

| Tuesday |
| --- |
| |

| Wednesday |
| --- |
| |

| Thursday |
| --- |
| |

| Friday |
| --- |
| |

| Saturday |
| --- |
| |

| Sunday |
| --- |
| |

# Thoughts and Reminders...

# Weekly Planner

Goals:

☐ _____

☐ _____

☐ _____

☐ _____

☐ _____

☐ _____

☐ _____

Appointments:

☐ _____

☐ _____

☐ _____

☐ _____

☐ _____

☐ _____

☐ _____

Notes:

Week of: _____

| Monday |
| --- |
| |
| Tuesday |
| |
| Wednesday |
| |
| Thursday |
| |
| Friday |
| |
| Saturday |
| |
| Sunday |
| |

# Thoughts and Reminders...

# Weekly Planner

Goals:

- [ ] _____
- [ ] _____
- [ ] _____
- [ ] _____
- [ ] _____
- [ ] _____
- [ ] _____

Appointments:

- [ ] _____
- [ ] _____
- [ ] _____
- [ ] _____
- [ ] _____
- [ ] _____
- [ ] _____

Notes:

Week of: _____

| Monday |
| --- |
| |

| Tuesday |
| --- |
| |

| Wednesday |
| --- |
| |

| Thursday |
| --- |
| |

| Friday |
| --- |
| |

| Saturday |
| --- |
| |

| Sunday |
| --- |
| |

# Thoughts and Reminders...

# Weekly Planner

Goals:

- ☐ _____
- ☐ _____
- ☐ _____
- ☐ _____
- ☐ _____
- ☐ _____
- ☐ _____

Appointments:

- ☐ _____
- ☐ _____
- ☐ _____
- ☐ _____
- ☐ _____
- ☐ _____
- ☐ _____

Notes:

Week of: _____

| Monday |
| --- |
| Tuesday |
| Wednesday |
| Thursday |
| Friday |
| Saturday |
| Sunday |

# Thoughts and Reminders...

# Weekly Planner

Goals:

- [ ] _____
- [ ] _____
- [ ] _____
- [ ] _____
- [ ] _____
- [ ] _____
- [ ] _____

Appointments:

- [ ] _____
- [ ] _____
- [ ] _____
- [ ] _____
- [ ] _____
- [ ] _____
- [ ] _____

Notes:

Week of: _____

| Monday |
| --- |
| |

| Tuesday |
| --- |
| |

| Wednesday |
| --- |
| |

| Thursday |
| --- |
| |

| Friday |
| --- |
| |

| Saturday |
| --- |
| |

| Sunday |
| --- |
| |

# Thoughts and Reminders...

# Weekly Planner

Goals:

- ☐ _____
- ☐ _____
- ☐ _____
- ☐ _____
- ☐ _____
- ☐ _____
- ☐ _____

Appointments:

- ☐ _____
- ☐ _____
- ☐ _____
- ☐ _____
- ☐ _____
- ☐ _____
- ☐ _____

Notes:

Week of: _____

| Monday |
| --- |
|  |

| Tuesday |
| --- |
|  |

| Wednesday |
| --- |
|  |

| Thursday |
| --- |
|  |

| Friday |
| --- |
|  |

| Saturday |
| --- |
|  |

| Sunday |
| --- |
|  |

# Thoughts and Reminders...

# Weekly Planner

Goals:

- ☐ _____
- ☐ _____
- ☐ _____
- ☐ _____
- ☐ _____
- ☐ _____
- ☐ _____

Appointments:

- ☐ _____
- ☐ _____
- ☐ _____
- ☐ _____
- ☐ _____
- ☐ _____
- ☐ _____

Notes:

Week of: _____

| Monday |
| Tuesday |
| Wednesday |
| Thursday |
| Friday |
| Saturday |
| Sunday |

# Thoughts and Reminders...

_____

_____

_____

_____

_____

_____

_____

_____

_____

_____

_____

_____

_____

_____

_____

_____

# Weekly Planner

Goals:

- ☐ _____
- ☐ _____
- ☐ _____
- ☐ _____
- ☐ _____
- ☐ _____
- ☐ _____

Appointments:

- ☐ _____
- ☐ _____
- ☐ _____
- ☐ _____
- ☐ _____
- ☐ _____
- ☐ _____

Notes:

Week of: _____

| Monday |
| --- |
| Tuesday |
| Wednesday |
| Thursday |
| Friday |
| Saturday |
| Sunday |

# Thoughts and Reminders...

# Weekly Planner

## Goals:

- [ ] _____
- [ ] _____
- [ ] _____
- [ ] _____
- [ ] _____
- [ ] _____
- [ ] _____

## Appointments:

- [ ] _____
- [ ] _____
- [ ] _____
- [ ] _____
- [ ] _____
- [ ] _____
- [ ] _____

## Notes:

Week of: _____

| Monday |
| --- |
| |

| Tuesday |
| --- |
| |

| Wednesday |
| --- |
| |

| Thursday |
| --- |
| |

| Friday |
| --- |
| |

| Saturday |
| --- |
| |

| Sunday |
| --- |
| |

# Thoughts and Reminders...

_____

_____

_____

_____

_____

_____

_____

_____

_____

_____

_____

_____

_____

_____

_____

_____

# Weekly Planner

Week of: _____

## Goals:

- ☐ _____
- ☐ _____
- ☐ _____
- ☐ _____
- ☐ _____
- ☐ _____
- ☐ _____

## Appointments:

- ☐ _____
- ☐ _____
- ☐ _____
- ☐ _____
- ☐ _____
- ☐ _____
- ☐ _____

Notes:

| Monday |
| --- |
| Tuesday |
| Wednesday |
| Thursday |
| Friday |
| Saturday |
| Sunday |

# Thoughts and Reminders...

# Weekly Planner

Goals:

- ☐ _____
- ☐ _____
- ☐ _____
- ☐ _____
- ☐ _____
- ☐ _____
- ☐ _____

Appointments:

- ☐ _____
- ☐ _____
- ☐ _____
- ☐ _____
- ☐ _____
- ☐ _____
- ☐ _____

Notes:

Week of: _____

| Monday |
| --- |
| |
| Tuesday |
| |
| Wednesday |
| |
| Thursday |
| |
| Friday |
| |
| Saturday |
| |
| Sunday |
| |

# Thoughts and Reminders...

# Weekly Planner

Goals:

- ☐ _____
- ☐ _____
- ☐ _____
- ☐ _____
- ☐ _____
- ☐ _____
- ☐ _____

Appointments:

- ☐ _____
- ☐ _____
- ☐ _____
- ☐ _____
- ☐ _____
- ☐ _____
- ☐ _____

Notes:

Week of: _____

| Monday |
| --- |
| |
| Tuesday |
| |
| Wednesday |
| |
| Thursday |
| |
| Friday |
| |
| Saturday |
| |
| Sunday |
| |

# Thoughts and Reminders...

# Weekly Planner

Goals:

- ☐ _____
- ☐ _____
- ☐ _____
- ☐ _____
- ☐ _____
- ☐ _____
- ☐ _____

Appointments:

- ☐ _____
- ☐ _____
- ☐ _____
- ☐ _____
- ☐ _____
- ☐ _____
- ☐ _____

Notes:

Week of: _____

| Monday |
| --- |
| |
| Tuesday |
| |
| Wednesday |
| |
| Thursday |
| |
| Friday |
| |
| Saturday |
| |
| Sunday |
| |

# Thoughts and Reminders...

# Weekly Planner

Goals:

- ☐ _____
- ☐ _____
- ☐ _____
- ☐ _____
- ☐ _____
- ☐ _____
- ☐ _____

Appointments:

- ☐ _____
- ☐ _____
- ☐ _____
- ☐ _____
- ☐ _____
- ☐ _____
- ☐ _____

Notes:

Week of: _____

| Monday |
| --- |
| |

| Tuesday |
| --- |
| |

| Wednesday |
| --- |
| |

| Thursday |
| --- |
| |

| Friday |
| --- |
| |

| Saturday |
| --- |
| |

| Sunday |
| --- |
| |

# Thoughts and Reminders...

_____

_____

_____

_____

_____

_____

_____

_____

_____

_____

_____

_____

_____

_____

_____

_____

# Weekly Planner

Goals:

- ☐ _____
- ☐ _____
- ☐ _____
- ☐ _____
- ☐ _____
- ☐ _____
- ☐ _____

Appointments:

- ☐ _____
- ☐ _____
- ☐ _____
- ☐ _____
- ☐ _____
- ☐ _____
- ☐ _____

Notes:

Week of: _____

| Monday |
| --- |
| |

| Tuesday |
| --- |
| |

| Wednesday |
| --- |
| |

| Thursday |
| --- |
| |

| Friday |
| --- |
| |

| Saturday |
| --- |
| |

| Sunday |
| --- |
| |

# Thoughts and Reminders...

# Weekly Planner

Goals:

- ☐ _____
- ☐ _____
- ☐ _____
- ☐ _____
- ☐ _____
- ☐ _____
- ☐ _____

Appointments:

- ☐ _____
- ☐ _____
- ☐ _____
- ☐ _____
- ☐ _____
- ☐ _____
- ☐ _____

Notes:

Week of: _____

| Monday |
| --- |
| |
| Tuesday |
| |
| Wednesday |
| |
| Thursday |
| |
| Friday |
| |
| Saturday |
| |
| Sunday |
| |

# Thoughts and Reminders...

# Weekly Planner

Goals:

- ☐ _____
- ☐ _____
- ☐ _____
- ☐ _____
- ☐ _____
- ☐ _____
- ☐ _____

Appointments:

- ☐ _____
- ☐ _____
- ☐ _____
- ☐ _____
- ☐ _____
- ☐ _____
- ☐ _____

Notes:

Week of: _____

| Monday |
| --- |
| |
| **Tuesday** |
| |
| **Wednesday** |
| |
| **Thursday** |
| |
| **Friday** |
| |
| **Saturday** |
| |
| **Sunday** |
| |

# Thoughts and Reminders...

# Weekly Planner

Goals:

- ☐ _____
- ☐ _____
- ☐ _____
- ☐ _____
- ☐ _____
- ☐ _____
- ☐ _____

Appointments:

- ☐ _____
- ☐ _____
- ☐ _____
- ☐ _____
- ☐ _____
- ☐ _____
- ☐ _____

Notes:

Week of: _____

| Monday |
|---|
| |
| **Tuesday** |
| |
| **Wednesday** |
| |
| **Thursday** |
| |
| **Friday** |
| |
| **Saturday** |
| |
| **Sunday** |
| |

# Thoughts and Reminders...

_____

_____

_____

_____

_____

_____

_____

_____

_____

_____

_____

_____

_____

_____

# Weekly Planner

Goals:

- ☐ _____
- ☐ _____
- ☐ _____
- ☐ _____
- ☐ _____
- ☐ _____
- ☐ _____

Appointments:

- ☐ _____
- ☐ _____
- ☐ _____
- ☐ _____
- ☐ _____
- ☐ _____
- ☐ _____

Notes:

Week of: _____

| Monday |
| --- |
| |
| Tuesday |
| |
| Wednesday |
| |
| Thursday |
| |
| Friday |
| |
| Saturday |
| |
| Sunday |
| |

# Thoughts and Reminders...

_____

_____

_____

_____

_____

_____

_____

_____

_____

_____

_____

_____

_____

_____

_____

_____

_____

# Weekly Planner

Goals:

- ☐ _____
- ☐ _____
- ☐ _____
- ☐ _____
- ☐ _____
- ☐ _____
- ☐ _____

Appointments:

- ☐ _____
- ☐ _____
- ☐ _____
- ☐ _____
- ☐ _____
- ☐ _____
- ☐ _____

Notes:

Week of: _____

| Monday |
| --- |
| |
| Tuesday |
| |
| Wednesday |
| |
| Thursday |
| |
| Friday |
| |
| Saturday |
| |
| Sunday |
| |

# Thoughts and Reminders...

_____

_____

_____

_____

_____

_____

_____

_____

_____

_____

_____

_____

_____

_____

_____

_____

_____

# Weekly Planner

Goals:

- [ ] _____
- [ ] _____
- [ ] _____
- [ ] _____
- [ ] _____
- [ ] _____
- [ ] _____

Appointments:

- [ ] _____
- [ ] _____
- [ ] _____
- [ ] _____
- [ ] _____
- [ ] _____
- [ ] _____

Notes:

Week of: _____

| Monday |
| --- |
| |

| Tuesday |
| --- |
| |

| Wednesday |
| --- |
| |

| Thursday |
| --- |
| |

| Friday |
| --- |
| |

| Saturday |
| --- |
| |

| Sunday |
| --- |
| |

# Thoughts and Reminders...

_____

_____

_____

_____

_____

_____

_____

_____

_____

_____

_____

_____

_____

_____

_____

_____

_____

_____

_____

Made in the USA
Columbia, SC
27 December 2024

50708736R00059